Diente de leche

DIENTE DE LECHE

María José Coronado Luque

MARESÍA

{Pie de Página}

Título original: *Diente de leche*
Primera edición, 2025

© María José Coronado Luque
© Fotografía de cubierta: Laura Brinkmann Reimann
© Diseño de cubierta: José Miguel Rodríguez Montoya
© Diseño y maquetación de interior: Marta Vega

Depósito legal: M-1492-2025
ISBN: 978-84-128718-6-9

Impreso de forma cariñosa en España.

Para Nicolás
por ayudarme a escribir este libro

Para Javier
por acompañarme

Índice

Prólogo
Juan Romeu

Que la maternidad (o paternidad) es una de las cosas más increíbles de la humanidad es algo más que sabido, y la poesía se ha encargado de dejárnoslo siempre bien claro. Los poemas de Piedad Bonnett a su hijo Daniel o las «Nanas de la cebolla» de Miguel Hernández dan buena cuenta de ello. También los poemas de quienes han deseado un hijo y no lo han tenido, como Julia Uceda y su «Canción de cuna» («Nunca, hijos míos, os habré de mecer») o Alberto Baeza Flores y su «… pudo ser como aquella…, pudo ser como aquel…». O, por no quedarnos con la parte triste, también poemas más optimistas como las «Palabras para Julia» de José Agustín Goytisolo o el de «Dentro de muchos años, hija» de Enrique García-Máiquez.

Se podría pensar que poco cabe aportar ya a la poesía después de todas estas obras de arte. Y, sin embargo, el día que recibí los primeros poemas de María José Coronado Luque descubrí que aún quedaban perspectivas no exploradas sobre este asunto. ¿En qué consistía esta nueva visión? Voy a intentar explicarlo en este breve prólogo, consciente de lo difícil que es expresar en palabras lo que atañe tan directamente a las profundidades del corazón.

En los primeros poemas que me envió María José y que aparecieron incluidos en *Poesía bonita y que se entiende 2* (Maresía, 2024) —«Todas las tallas duermen en el armario» y «Madre y fotones»—, se veían ya algunas de las virtudes de esta sorprendente autora. En primer lugar, y de forma evidente, destaca el dominio del verso corto, que en otros poetas puede traer consigo un tono infantiloide o de sonatina, pero que en ella se convierte en un acertadísimo salpicado en el que cada gota parece contener milagrosamente mucho más de lo que parecería caber en ellas, como cuando en los dibujos animados se entra en el tronco de un árbol y se accede a un salón enorme. Es como si al introducirnos en el mundo descrito en cada uno de sus versos crecieran las sílabas por arte de magia. Salvo en las ya mencionadas «Nanas de la cebolla», yo no sé si había visto algo igual en la poesía. Ante esto, no extraña que entre sus versos podamos encontrarnos con un armario «donde todas / las tallas duermen».

Seguramente esto es posible gracias a su habilidad en la combinación de palabras, que permite omitir otras muchas a la vez que crear imágenes espectaculares. Se ve en versos como estos, referidos a la búsqueda de piojos en el pelo:

> sus manos
> sin vacaciones
> revuelven dentro
> del pelo escolar

O en estos otros, en los que en poquísimas palabras se dice muchísimo sobre el rodar de los días ya desde el nacimiento:

> girabas
> en el eje
> con las ruedas
> del carrito

Quizá la clave de que a esta autora le quepa tanto en el espacio sea su manejo del tiempo, sin duda otro de los aciertos que ya se veían en aquellos primeros poemas que nos envió. En esto cuenta con especial ayuda de su hijo, que simplemente porque juega es capaz de desajustar las horas y cuestionar la efectividad del tiempo: «el reloj / solo mide / otros relojes». Al fundir pasado y presente (como nota Adriana Bocalón en su comentario de «Parques») lidiando con la universalidad, es capaz de entrelazar con facilidad la maternidad en su origen ancestral, natural, con la maternidad en su sentido más rutinario actual. A ello ayuda el recurso de ir alternando la tercera y la primera persona en sus poemas para referirse a las madres: caben todas.

De esa forma puede reflejar desde todas las facetas, para hacerla muy comprensible, la unión total del ser humano, encarnado en la madre, con la naturaleza. Tenemos un buen ejemplo en la figura del gallo, anunciador de tantas albas en la historia de nuestra literatura —conectando como mínimo el «Cantar de mio Cid» con Lorca—, que en el poema «Qué es una mamá» se convierte en un consejero perfecto:

> los gallos
> les cantan
> trucos al oído
> para el bocadillo
> del recreo

También ocurre con otros elementos, como la lluvia, que en el ya mencionado «Parques» se convierte en una ayudante idónea para empujar el columpio del niño.

Como si radiografiara pinceladas de un cuadro o como si recogiera los juguetes de un cuarto uno a uno, María José es capaz de ir identificando cada detalle de la maternidad plasmada en objetos concretos, algunos más esperables como columpios o cubos de playa, pero otros más peculiares, nítida y escalofriantemente bien

elegidos, como «un traje de / gato especial», «el cocodri-
lo / come-verduras» o «la sopa alemana / de calabaza».

Lo más bonito de todo es que se presenta la relación
como un mundo de amor puro, «donde el amor fuese
el único objetivo», como dice Héctor Márquez en el
comentario de «Zumo con botas». Y en ese mundo de
amor recíproco está otra de las claves para entender la
maternidad como lo hace María José. Para que ese mun-
do sea posible, es necesario entender que el hijo enseña
tanto como los padres, y que puede llegar a hacerlo de
forma más acertada, por ejemplo recordando obvieda-
des que se nos habían olvidado con el tiempo y que es
muy difícil reaprender si no es por ellos, como que una
madre erizo solo puede tener púas o que «todos tene-
mos / nuestro lugar / en el mundo». O con la imagina-
ción, que lleva a esa magia de la relación madre-hijo que
consigue que en las tablas de multiplicar se pueda cantar

> hojas
> de caléndula
> por alba
> igual a amanecer

Resuelve en *Diente de leche* igualmente de forma bri-
llante la autora la gran paradoja del amor maternofilial,
esa que exige criar, proteger de los monstruos, para lue-

go separarse, dejar que civilicen a nuestros hijos, asumir que la infancia tiene un final (como decía yo en mi comentario de «Todas las tallas...» en *Poesía bonita y que se entiende 2*). La madre se ve obligada a enseñar que «el viento y los perros / están bien»; no debe importar «que cada curso / gente desconocida» vaya habitando a un hijo con su incorrecta corrección gramatical y ortográfica (que no hace más que destrozar la adorable ingenuidad lingüística de los niños). Para eso es fundamental que la madre sea capaz de mantenerse «inmóvil // cuando todos / se marchan», para que el hijo —ese «bárbaro / risueño»— se pueda separar sin sentir que al mismo tiempo la madre se separa de él.

¿No se entiende mejor la relación madre-hijo solo con lo expuesto hasta aquí? Imaginaos cuando hayáis leído el poemario entero. Quizá sintáis como yo al hacerlo que todo lo que sabíais hasta ahora sobre los hijos solo era un diente de leche y que faltaba por salir el diente de verdad. Es lo mismo que ocurre con otros sentimientos cuando se lee poesía de verdad. La de María José Coronado Luque desde luego que lo es.

*Todo es revelación, todo lo sería de ser
acogido en estado naciente*
María Zambrano

La aventura suprema es nacer
G. K. Chesterton

*Los humanos, aunque han de morir, no han
nacido para eso sino para comenzar*
Hannah Arendt

Diente de leche despliega la cartografía de un territorio extraordinario y poco explorado, hasta la fecha, pues se adentra en el sentido del nacimiento, la maternidad, la infancia y el vínculo espiritual de las madres (y padres) con sus hijos e hijas.

Por sus páginas corre un sol habitando, con sus variaciones musicales y geometrías luminosas, la cotidianidad familiar. Como si bebiera refugio, brinda lugares pequeños pero de sublime belleza: los cuentos de hadas para ir a dormir, las tardes en el parque, el verano de la alberca, las preguntas trascendentes, en la voz de la inocencia o el cosmos lúdico, de unos atrevidos policías celestiales, que llenan cubos de arena con estrellas, en el país de la imaginación.

Adquiere forma de recuerdo, pero también de reconocimiento por las personas que aman la vida en familia (de tantos tipos y especies), porque, quizás, no sepan que, gracias a ellas, la historia de los buenos momentos es salvada cada día.

Este canto conjunto y biográfico se encarama a las palabras para agradecer, muy especialmente, y rendir homenaje a la vida naciente, a los comienzos, a los primeros pasos, a las primeras veces por las maravillas que esta etapa iniciática de verdad pura desvela con la ayuda de la mirada asombrada durante la infancia (y a cualquier edad).

María José Coronado Luque

Zumo con botas

Llegaban
nuevos nacidos
cada mes

y ellas
los acercaban
alegres
al charco
para mojar
sus pies
en lecturas
nocturnas

y en los primerizos
rayos
del sol
ilustraban
sus pieles
con profundas
marcas
maternales

y se hacía
elevar
la hierba
para los cuerpos
de los recién
creados

y los versos
dragones
custodiaban
con tibieza
a los adormilados

y por ellos
se abolían
las leyes
del orden
para ir
al parque
bajo una fuerte
lluvia

y en un charco
de limonada
se paraban a saltar
con los nacimientos

MARÍA JOSÉ CORONADO LUQUE

y las madres
acabaron
montando
un puesto
de zumos
con botas
en el parque

COMMENTARIO DE HÉCTOR MÁRQUEZ

Cuando María era Rayo para muchos —yo entre ellos— y aún no se había coronado como madre de su pequeño zar republicano, ya dibujaba juguetes, paisajes y cuentos luminosos con las palabras. La recuerdo cantar como una mujer flotando en un líquido amniótico, una mujer que volaba disfrazada de una mujer que cerraba los ojos. Una mujer a la que solo veías volar y multiplicarse si tú también cerrabas los ojos para escucharla mejor. He vuelto a invocar aquellas melodías que acurrucaron mi corazón cuando yo también era otro. Leo ahora a la María poeta que siempre fue, ya sin llamas en la cara, pero con el corazón lleno de lumbre. No me invita a Polinesia, sino a un parque con otras mujeres que saben ser mujeres y con hombres que quieren aprender a ser hombres. Y siento en su voz de antes cómo el alma ya estaba dispuesta para abrazar y guiar a un mundo donde el amor fuese el único objetivo. Y en su voz de ahora veo a la maestra sabia y amorosa que sabe que a las personas hay que invitarlas a soñar, a chapotear, a jugar manchándose en la tierra. Que hay que propiciar que las niñas que viven en nosotros aprendan a pensar de nuevo, que aprendamos a contar cuentos e historias capaces de dibujar nuevos horizontes y abolir leyes como las madres hacen, harán y han hecho siempre. Y así nos invita a soñar con sus versos juguetones y llenos de esperanza y risas de chiquillos. Como antes hace años nos invitaba a bailar suavemente con sus canciones de serena alegría con los ojos entrecerrados.

Pero no se fíen. Sus palabras, sus versos, como sus canciones de entonces, son poderosos dragones capaces de custodiar cualquier corazón. Hasta el de quien creyó no tenerlo nunca jamás.

SERES NATALES

Voces
envueltas
en primera
postura

biberones
al baño
María

al fondo
música
de liras
peladillas
un ruiseñor
Celia en la serie
Astérix

las madres
corren alegres
por la arena
sin parar
en el semáforo

duermen poco

vuelan
de árbol
en árbol
de columpio
en columpio

cultivan
la espesura
sacando
lustre al verdor

los padres
saltan
en hermandad
cofrade
sobre la hoguera
noche de San Juan

ahora
de las sienes
caen
asteroides
y varitas

MARÍA JOSÉ CORONADO LUQUE

mágicas
sobre la chaqueta
de papá

ahora
los seres natales
del mundo
dan un concierto
para progenitores
de bata
marca Mantra

Comentario de Jordi Nomen

Lo primero que me ha sugerido el poema es que so-
mos seres natales, que escapamos a la muerte y el silencio
eternos solo en una única oportunidad de vida: cuando
nacemos. Ello me sugiere la presencia de las viejas par-
cas. Las Parcas, también conocidas como las Moiras en
la mitología griega, esas tres deidades que representaban
el destino y el curso de la vida humana. Se llamaban Clo-
tho, que hilaba el hilo de la vida; Láquesis, que lo medía;
y Atropos, que lo cortaba, representando el nacimiento,
la duración y la muerte de cada ser humano respectiva-
mente. En los nacimientos, Clotho sería la encargada de
comenzar el hilo de la vida, simbolizando el inicio del
destino de una persona. Ahí, la eternidad de la muerte
dejaba paso a la contingencia y el roce de la vida, fugaz y
excelsa, extinta y provechosa a la vez. Aunque yo no creo

en el destino, no puedo por más que reconocer que el azar existe y se manifiesta.

Y prosigue el poema, porque los recién nacidos liberados ya a la vida, se encuentran con ese núcleo familiar que ha de protegerlos y enseñarlos. Ahí aparece la madre, siempre velando y al cuidado de esos hijos que son su fortuna y su preocupación. Siempre con prisas, siempre con tareas pendientes, olvidándose muchas veces de sí misma, para priorizar esos seres indefensos que son de su propia sangre. Por ellos duerme poco o nada y anestesia sus propios sueños para que en los de sus hijos no quepa ninguna pesadilla. Esa madre, ancestral, apegada a la tierra y soñadora del aire, como los primates de los que descendemos, que conquistaron la tierra descendiendo desde los árboles. Así desea la madre que su vástago esté a salvo de todo mal y salga victorioso o victoriosa de todos sus retos.

Después aparece el padre, que encarna la magia y la grandeza, esa sombra protectora que persigue el sol de los días para tratar que su hijo o hija sea prudente y no caiga en el mismo error que Faetón respecto a Helios. En la mitología griega, Helios era el dios del sol y se decía que conducía un carro dorado a través del cielo todos los días, llevando el sol de este a oeste. La historia del carro de Helios se refiere al mito en el que su hijo, Faetón, convence a su padre para que le permita conducir el carro solar por el cielo. Sin embargo, Faetón no puede controlar los caballos salvajes que tiran del carro y pierde el control, causando estragos en la Tierra. Para evitar un desastre total, Zeus, el rey de los dioses, interviene y fulmina a Faetón con un rayo para detener el caos. Es una historia que ilustra los peligros de la arrogancia y la desobediencia a los deseos de los dioses y a los consejos de los padres.

Esa familia acompañará al recién nacido mostrándole el mundo y sus milagros, en un concierto que será siempre la música de sus oídos, para que reciban una herencia cultural que le dará sentido e identidad, que le permitirá ser ciudadano o ciudadana del mundo desde su pequeña parcela local. Allí donde se encuentre la familia se hallará el hogar, de fuego en la chimenea y la bata de andar por casa. Será su lugar seguro, la posibilidad de un amor incondicional. Todos los desvelos nocturnos, todas las angustias por esa primera tos o ese llanto sin motivo, serán dados por bien empleados, si consiguen para su hijo o hija una infancia sólida, un apego seguro, una piedra fundacional sobre la que construir la felicidad.

Enséñame todo

Entonces
te dije

mira
cada mañana
por la ventana
entra aire
fresco
es un tocador
de pupilas

imagina
el aguacate
siendo tortuga
en la charca
del fregadero

acomoda
la gata
de anclas
afiladas

María José Coronado Luque

en la isla Sol
sobre un libro

escribe
ternura
en la mejilla
diaria

recuerda
en la servilleta
el color
de la flor

haz nido
para la fragilidad
se asusta
de madrugada

acompaña
en el huerto
al insecto
extraño
es una criatura
de gran entereza

Comentario de Andrés Neuman

Un mundo donde los aguacates en el agua pueden convertirse en tortugas será siempre un mundo que valga la pena habitar. Me gusta pensar que, gracias a la poesía, mi hijo Telmo juega con Nicolás a reimaginar la realidad para recordar su asombroso valor y su valioso asombro.

María José Coronado Luque

Qué es una mamá

Se levantan
con un campanario
bajo el brazo
a abrir ventanas

al amanecer
suelen soltar
peces muertos
en las cacerolas
vacías
bajo una luna
de leche

recogen
la ropa sentada
en las cuerdas

los gallos
les cantan
trucos al oído
para el bocadillo
del recreo

buscan
estaciones de tren
bajo el sofá
o se hacen pasar
por el color verde

ellas llevan
la incontabilidad
de las hojas
en las macetas

también ponen
trampas a la nube
si no seca la ropa

sus manos
sin vacaciones
revuelven dentro
del pelo escolar

en las mochilas
en el armario
incansables
buscan algo
siempre

MARÍA JOSÉ CORONADO LUQUE

mamá
en clase
otra vez
hay piojos

COMENTARIO DE MARÍA BARANDA

Este es un poema sobre la verdad de ser madre, sobre el tiempo amoroso en que se teje la relación con los hijos.

Este poema es necesario, como lo son los hijos. Gracias por escribirlo.

Soldadas

Las hay
centenarias
cenitales
centinelas
celestiales
ciempiés
centauras
cimientos

y puntuales
a la cita
con la vida

y soldadas
al corazón

y de un satélite
o de la luna

da igual

María José Coronado Luque

Yo estaba flotando en el cosmos.
Una mano me acercó al planeta.
Al planeta de los sueños.
Al planeta soleado.
Al planeta azul y negro.
Sigo jugando a vivir,
en este sueño llamado vida.

En el fregadero

Cubierta de arena
el niño te mueve
los dedos
mientras ardes
inmóvil

tu ojo marino
se deshilacha
inmóvil

te clavan púas
de erizos
por las manos
inmóviles

las agujas
de reloj
se filtran
hasta el cielo
de tu boca
inmóvil

María José Coronado Luque

cuando todos
se marchan
te quedas
en la casa
inmóvil

días de garzas
y humedales
en la cocina
inmóvil

suben a bordo
palabras
con bultos llenos
de conchas
inmóviles

cojín de gato
varado sofá
de tiempo
inmóvil

la orilla
el pescado
en el fregadero
inmóvil

son las 6:00
de una mañana
inmóvil

COMENTARIO DE CARMEN LOUREIRO

Tanta agridulce hermosura marina inunda los senti-
dos adormecidos de la que lee y se despierta con el azote
salino de la ola más dulcemente brava, la de una vida que
llega a nuestra playa para desbaratar lo previsible y dejar
un rastro de belleza y milagro.

La que lee también siente que suben a bordo de su
alma «palabras con bultos llenos de conchas» y las va
guardando en los bolsillos para ir señalando el camino
de vuelta al líquido amniótico donde se gestan criaturas
y poemas.

La que lee sabe que debe callar para que otros lean...
Silencio, se lee.
Silencio...

MARÍA JOSÉ CORONADO LUQUE

CALAFATES

Camino lenta
arrastro cables
lapas y erizos

y cuando hablo
me brota
oleaje

y salpico espuma
fuera de lugar
al hablar

qué haré
si el puerto
se acerca
a mi embarcación

no voy
a recalar
donde
los calafates

no cerraré
la boca

MARÍA JOSÉ CORONADO LUQUE

CARTOGRAFÍA

Ellas están
en las noches
de salmos
en las tempestades
cíclicas
de vida
enfermedad
y muerte

la infancia está
en las coordenadas
de un mapa
prodigioso

ellas
buscan
intuiciones
en el globo
terráqueo
encendido
con luz
eléctrica

la infancia está
en las coordenadas
de un mapa
prodigioso

COMENTARIO DE ALONSO ALARCÓN

La arquitectura del infinito,
La aritmética de la felicidad,
La teleportación ilimitada,
La burbuja de oxígeno en la apnea...
La sonrisa de nuestros hijos...

MARÍA JOSÉ CORONADO LUQUE

PARQUES

La lluvia
ayudante
y sigilosa
empujaba
el columpio
cantado

era
una repetición
estalactita

era un ritual
para dar saltos
desde el charco
al futuro

canto conjunto

se acercaban
insectos
subían

por las piernas
de la memoria
entraban
por la nariz
de la madre

canto conjunto

ella empujaba
el columpio
el niño
y la canción

canto conjunto

así Dorothy
su perro
y ellos dos
se coloreaban
de agua
y notas

tras la lluvia
chapoteo
y palabras

María José Coronado Luque

mira
es un caracol

jamás
me lo comeré
mamá
yo tampoco

caracol col col

Comentario de Adriana Bocalón

María me transporta con sus palabras a este lugar
adonde columpia a su niño, y puedo oír su canción. El
mundo de la fantasía se une al mundo real, y viajo con
la imaginación. Las imágenes me vienen a la mente y me
adentro en ellas en algunos momentos como espectadora
y otras como protagonista del poema. El instinto mater-
nal se despierta. El presente, el pasado y el futuro se unen
en un instante.

Un lugar en el mundo

De mi hijo
aprendí
que una madre erizo
solo podía tener
púas

recuérdalo
me dijo
todos tenemos
nuestro lugar
en el mundo

de mi hijo
aprendí
que una madre verde
solo podía tener
hojas

recuerda
me dijo
todos tenemos

María José Coronado Luque

nuestro lugar
en el mundo

COMENTARIO DE ANA SCHERMAN

Cuando decides ser madre hay muchas emociones que se agolpan en tu cerebro y tu cuerpo, entre ellas muchas dudas y miedos. Aunque la principal podría ser: ¿seré una buena madre? Aún no encontré qué es ser una buena madre, no sé si tal cosa es inamovible. Los constructos sociales son una trampa y desde luego que construir una relación con tus hijos a vuestra manera es la que de verdad debería primar, sin prejuicios ni ideas preconcebidas. Amor ante todo, pero el amor de la unidad materno-filial, con sus púas, su musgo, sus hojas o sus pétalos.

Muchas somos las madres que aprendemos y nos conocemos a través de los Ojos de nuestros hijos e hijas, de las experiencias que vivimos junto a ellos y nos revelan aspectos de nosotras mismas desde sus comentarios, cariños y desprecios.

Enseñanzas y comprensión de nuestros vástagos que siempre nos sorprenden.

Todo eso veo en estos versos de Maria José que invito a leer con sosiego y mente (auto)crítica. María tiene la capacidad de plasmar en estas palabras la profundidad con la que ella reflexiona sobre lo cotidiano de la vida invitándome a mirar en mi interior.

La civilización

Hijo
cada curso
gente desconocida
te va habitando

entran y salen
por tu boca
con faltas
gramaticales
y ortográficas
para civilizarte

Comentario de Beatriz Russo

Cuando se revela el origen de la civilización en la boca de un niño, gruta o portal de conciencia y de palabras. Y, cuando se reconoce a los que silenciosamente extraen los metales preciosos que se irán engarzando en las joyas del lenguaje, es cuando ocurre el hallazgo necesario para habitar en poesía.

María José Coronado Luque

AGRICULTOR CÓSMICO

Niño hortelano
andas jugando
con el caroteno
entre hileras
de tomates
zanahorias
y remolachas

en el sendero
inmigrados ideólogos
visten jirones
de pétalos
vienen del desierto
llamado *Me quiere*
no me quiere

donde todos
anhelan ser
amados
tú bordas

donde todos
desean ser
tú bordas
puntada
a puntada

un traje
de gato espacial

COMENTARIO DE PABLO BUJALANCE

Mucho antes de la página en blanco, el poema entraña una manera de habitar el mundo, de significarlo y
construirlo. No se conforma con lo que hay: interviene
siempre, es capaz de excitar el asombro en el objeto más
rutinario, sacude las convenciones hasta hacerlas semillas. El agricultor cósmico es un poeta: ha aprendido a
tener paciencia, a darle a la realidad su tiempo y a resolver las cuestiones importantes tal y como la naturaleza
se desenvuelve en las estaciones. Es capaz de ver lo que
nadie ve en lo que todo el mundo tiene delante. No espera
del amor una respuesta, sino que hace su trabajo, esmerado, preciso. Los lectores hacemos el nuestro: recibimos
el campo nuevo que nos procura, aceptamos el ejemplo y
cada uno borda después su traje. Mirad, todo está lleno
de gatos espaciales.

MARÍA JOSÉ CORONADO LUQUE

La vida siempre es mucho

Cantamos juntos
la tabla

fuente
por amapola
igual a prado
hojas
de caléndula
por alba
igual a amanecer

ya te la sabes

feliz
escribo un beso
en la corteza
de tu mejilla

Comentario de Berta de la Vega

Y decía Alcántara que así se estudia segundo de jazmines, y llegan los niños con placenta, llanto y ramo, abonados a besos, regados a risas, enderezados con reflexiones por goteo y, sí, ojalá la vida quiera ser mucho y que, cuando llegue ese otro ramo que dice adiós, esos besos que se dieron en esa piel sean ocasionalmente recordados, en fogonazos, por quien los recibió.

María José Coronado Luque

LIGERO JAGUAR

Tus piernas
revolotean
sobre sofás
sobre rocas
sobre colchas
sobre cartones
sobre higueras
sobre galletas
de jengibre
sobre camas
elásticas
sobre la tirolina

ahora caes
en picado
dentro
de la alberca

niño clavadista
entras
en el núcleo

de la primera noche
lejos de casa

allí había vendaval
y ladridos
me dices

el viento y los perros
están bien
te digo

COMENTARIO DE ISABEL GUERRERO

Un nido de infante es un diálogo en crecimiento, como la cría de la especie, como el ligero jaguar atravesando el manglar. Lo contrario es la jaula, la propiedad privada encarnada en la infancia misma. Es mío, mío, mío. No, no es tuyo.

Es del viento, de los perros, de las noches, de las albercas, de la tirolina, de las camas elásticas, de los dulces de jengibre, de las ramas, de los contenedores de cartones, de las colchas, de las rocas marinas, de los sofás. Es de sí mismo. Es libre. Es humano.

DÓNDE ESTÁN

Desalojan galaxias
con cubos de playa

puñados de estrellas
se dan a la fuga
suerte
hoy no son detenidas
por la policía
celestial

mientras tanto
siguen cavando
agujeros
en el cosmos
con las palas

Sol de invierno I
Exposiciones sobre gelatina de plata
50,8 × 40,6 cm
2022

MARÍA JOSÉ CORONADO LUQUE

MADRE Y FOTONES

Te miro
serena
te abrazo
te acercas
a mi mejilla

las miradas
ahora están
rodando
like a rolling stone

hacia un árbol
de Navidad
hacia el ave
del paraíso
hacia los nutrientes
del brécol
hacia el cocodrilo
come-verduras
hacia la sopa alemana
de calabaza

hacia las noches
estrelladas de verano
hacia las canciones
del columpio
hacia los poemas
al despertar

estamos unidos
bajo un haz
por fotones

El amor es un estado ampliado de la conciencia. Desde ese lugar de ligereza y esclarecimiento, donado por el saber del corazón, brota la creatividad y la confianza en la vida.

La siesta

Nos bañó
una tromba
de soles
cuando naciste

buceabas
y emergías
sin previo aviso
porque
eras de planes
con dados

girabas
en el eje
con las ruedas
del carrito

mirabas
escuchando
un silencio
de abejas verdes

de olivos
de santuario
en Retamar

Comentario de Mónica Locatelli

Un poema, aunque no lo parezca, cuenta una historia, la historia de una emoción que serpentea a través de un puñado de palabras. En este poema, la emoción ante una nueva vida que irrumpe en otras vidas. Sin embargo, una sola palabra del poema puede desencadenar cientos de recuerdos y despertar otra emoción en quien las lee. Y así, con una palabra, queda sellado el encuentro del poeta con el lector.

La palabra *siesta* sugiere pausa, línea entre dos mundos, silencio. La última estrofa del poema —hermosa imagen sonora de un paisaje a la hora de la siesta— me ha devuelto a mi primera infancia, a las siestas lentas de los veranos en la sierra.

María José Coronado Luque

A DORMIR

Las sábanas
tienden orillas
a Benito Sanson
al verano de Hilda
y a la historia
de Egipto

te he puesto
un cuento pijama
para la vidriera
de la noche

pero tu ojo
desagua
en las colchas
durmientes

después
he defendido
la puerta asediada
por monstruos

tranquilo
aquí no entra
ni el gato

Comentario de Encarnación González Pérez

Cuando el amor en esencia es tan puro y cristalino que transforma cada noche a las madres en mágicas hadas y sus luminosos corazones en nido.

Madre e hijo, ambos unidos por un cordón invisible trenzado con finos hilos de plata indestructibles, infinitos.

María José Coronado Luque

UN BÁRBARO

Dos cometas
en carrera
dos columnas
de sol
dos piernas
descorchadas

un burbujeo
un enmascarado
un chisporroteo
un forajido

tú
bárbaro
risueño
vuelves
al quiosco
de la playa
saboreando
el algodón
de una nube

Jamás sabrá quien escribe lo que será leído. Qué hermosa y difícil tarea es diseccionar un poema, acariciar, adentrarse, traducir un lenguaje cuyo significado se disfraza, cuando las palabras caen en una página y son rescatadas de su silencio por los anónimos ojos del lector. Nadie sabe qué estarán leyendo los otros cuando lean lo mismo que yo.

Dos cometas, ¿vuelan? ¿estallan? Todo ocurre en el cielo.

Dos columnas soleadas, dos descorchadas piernas. Todo ocurre en el suelo.

Un burbujeo, un enmascarado, un forajido. Quizás, el líquido dorado que se derrama por el borde de un benjamín de cava. Todo ocurre cuando debe.

Un bárbaro, risueño, jubiloso. ¿Un extranjero amable dispuesto para un brindis? ¿Un hombre cruel, feroz, bestial, salvaje? Todo ocurre cuando es imposible.

Gracias a la nube de algodón. ¡Gracias siempre a todas las nubes!

Chisporroteo en el quiosco del paseo. Todo ocurre, tal vez nada, pero siempre en un «no lugar» que existe solo en la mente de los poetas.

La poesía, ni se escribe ni se lee para entender, sino para entenderse. Todo ocurre en el cielo, en el suelo, cuando debe, cuando es imposible. Todo ocurre en el quiosco del paseo. Gracias a las nubes, ocurre... todo.

María José Coronado Luque

Maletas

Carreras
galopes
aleteos
viento
corrientes

a los sin presente
se unieron

sin cielo
sin ramas
sin praderas
sin aire
sin cauces

se unieron
a un tiempo
agujero negro

los bueyes
son tanques
arando parques

la vida
de las tartas
de cumpleaños
las rebajas
y el verano
no está

porque
las ruinas
y las rutinas
jamás afloran
juntas

en las manos
barras frías
de trapecios
porque
se acabaron
los días de circo

maletas

no hay batería
ni pájaros
no hay recarga

María José Coronado Luque

de paz
no hay redes

las galletas
huelen
a ropa mojada
las niñas
en el tumulto
las comparten
con un perro

alguien
tiene aquí
se come poco
y después

buscan fuentes
pero no hay
agua

COMENTARIO DE CAMILO DE ORY

María José Coronado Luque, la gran María Rayo, sabe
que los bueyes son tanques arando parques, y ahora tam-
bién lo sabemos nosotros. María, que es músico (¡músi-
ca!) de talento, cultiva sin embargo una poesía abonada
con imágenes tan sorprendentes como precisas, que nos

bañan en metafísica siguiendo un ritual abrumadora-
mente físico. María escribe «en las manos / barras frías
/ de trapecios / porque se acabaron / los días de circo».
María ha renunciado a la realidad para contarnos la ver-
dad, y nada más.

María José Coronado Luque

PROTOCREDO

Crees
en la brizna
en la infancia
en la tarde
de verano
en la higuera
en el silencio
del campo

crees
que puedo
saltar
en calma
y seguirte
por los árboles
como
una reencarnada
Australopitheca

ser Lucy

María José Coronado Luque

El reloj

Desafinas
los engranajes
desajustas
las horas
porque juegas

estás siempre
haces pie
siempre
porque vives

estás
en una estructura
de presente
firme

hoy me voy
a buscar estrellas
así la pupila
tendrá un pueblo
me dices

está la expansión
del Universo
la música
los árboles
y las palabras
te digo

papá habla
del tiempo
pero el reloj
solo mide
otros relojes
me dices

mamá
si alguna vez te perdiera
te buscaría debajo de las alcantarillas

hijo
si alguna vez te pierdes
ponte pegatinas de colores
para cruzar los pasos de cebra

MARÍA JOSÉ CORONADO LUQUE

Comentario de Inma Jaime

¿Dónde vamos cuando dormimos?

Cerrar los ojos, viajar al país de los sueños y sentir que estáis ahí cogiéndome de la mano.

El poema me evoca la ternura de una madre que teje una red de confianza y seguridad para su peque, tratando de explicarle el paso del tiempo, los miedos de la noche, el final del día, la muerte.

TODAS LAS TALLAS

Te busco
desde el futuro
entre las rosas
primerizas
de tus años

hay un armario
donde todas
las tallas duermen

entrada
a la pirámide
por la caja
del patinete

el salón
se ha achicado
soy una madre
decreciendo
con Alicia

MARÍA JOSÉ CORONADO LUQUE

vives
un reinado
faraónico
con transportador
de ángulos
y lápices
a dos colores
Made in Egypt

te busco
desde el futuro
entre las rosas
primerizas
de tus años

y todas
duermen
las tallas
en las perchas

las momias
bajan
por la chimenea
dices

no sales

de la habitación
dije

hizo frío
dices con pena

te busco
en el futuro
entre las rosas
primerizas
de tus años

y las tallas
todas las tallas
están en el armario

ahora avanzas
entre mares
de hierba
sobre un velero
de papel Albal

la cocina
es el varadero
el fregadero
es orilla

María José Coronado Luque

para una flota
de ratones TNT

tú ya sabes de qué te hablo

por tus manos
se deslizan
los pañuelos
de tía Pilar
un fular francés
del bisabuelo
la cuerda de esparto
la liana de la alberca
los almuerzos
en la higuera
del domingo
el abrazo
de tu padre
y tu primer
amigo

te busco
desde el futuro
entre las rosas
primerizas
de tus años

y todas las tallas
duermen

Tarzán
de revolucionada
imaginación
entre chispas
vuelan tus naves
de entusiasmo

antes
años atrás
calor azul
junto a la cuna

que no amaine
el vendaval
de tu juego
aunque se viva
en las corrientes
en el frío
en el humo
en las manos
sin lavar
en la comida
sin hacer

MARÍA JOSÉ CORONADO LUQUE

en la ropa
húmeda

hijo
te busco
en el futuro
entre las rosas
primerizas
de tus años

COMENTARIO DE LA AUTORA

Me pregunto por qué guardan las madres prendas de sus hijos de años pasados. Un babero, una camiseta de The Ramones o unos calcetines diminutos.

Quizás sea porque los armarios aletean sus puertas como palomas mensajeras, para que las madres salten dentro de sus panzas textiles y sean llevadas a un mundo mágico llamado «Todos los Años».

Quizás, las madres se apropian de todas las edades y estaciones para que convivan paralelas en el presente. Así pretenden derrocar al pasado y al futuro. Porque las madres desean que todo lo vivido sume.

Quizás, esta caligrafía de tallas sea una nueva escritura escondida en lo más profundo de los cajones.

Diente de leche

Comitiva
por puentes
entre coches
polvorientos
y acequias
secas

un badén
en la rotonda
un cangrejo
vegetal
una roca
erizos botánicos
y zarzas suplicantes

en el cielo
de tu boca
hay
tinta morada
escrita por Lorca
para Mancuso

María José Coronado Luque

Diente de leche
dice gritando

moras

estamos
procesionado
por las muescas
de Robinson

somos
un nazareno
septiembre
y una madre

COMENTARIO DE GEMA MARTÍN CONSUEGRA

Una madre que cuida a su pequeño, unas moras que
les deleitan, el amor por él se deja ver. Maravilla de la ma-
ternidad deseada.

Agradecimientos

Solo añadir mi más profundo agradecimiento a quienes habéis comentado cada uno de los poemas, así como a los que habéis hecho posible la magia de materializar *Diente de leche*: Ana Cabello, Juan Romeu, Flavia Company, Rosa Pérez y Sil Ggrijalba. Pero también me siento muy agradecida a los profesionales y a las profesionales que están detrás de las bambalinas: correctores, diseñadores, expertos en comunicación, editores o impresores, porque vuestra labor es esencial en el nacimiento de los libros.

Termino con un abrazo a mis amigas, madres, consejeras y compañeras durante todos estos años de crianza; a mi querida hermana, Noni, una madre para todos; a mi familia, y a mi pueblo, Benalmádena, porque en sus calles y plazas la infancia sigue jugando.

María José Coronado Luque (Benalmádena, Málaga, 1965). Participa en la antología *La poesía del rock*, *Revista Litoral*; en la antología *Poesía bonita y que se entiende 2*, colección Maresía, editorial {Pie de Página}, y en la revista de poesía *Hache*. Colabora creando las actividades didácticas (ESO) de Literatura para el libro *25 cuentos populares españoles*, Colección Escolar, Ediciones Siruela. Su pasión por la música la llevó a ser letrista y compositora del proyecto musical malagueño Caradefuego.

Se graduó como maestra por la Facultad de Ciencias de la Educación, Universidad de Málaga; está titulada como formadora de formadores por la Asociación de Filosofía con Niños y Niñas de España. Ha cursado el máster Filosofía 3/18 (de los 3 a los 18 años) en la Universidad de Gerona.

Crea y realiza talleres para la infancia en parques, bibliotecas y museos. El juego, la imaginación, el humor, la filosofía y la música son elementos esenciales en sus propuestas. Fundó el colectivo de mujeres artistas malagueñas Huertos Filosóficos, con el fin de educar una mirada ética, estética, crítica y creativa desde la infancia y gracias a la cultura.

Todas las erratas de este libro
han sido colocadas estratégicamente.